TAGALOG
CONJUGATIONS

A REFERENCE GUIDE

Brad Lowe

Michael Mercer

THIS BOOK REPRESENTS A LOT OF WORK FROM MANY PEOPLE – TOO MANY TO MENTION. THANK YOU TO ALL WHO HELPED PUT THIS BOOK TOGETHER. HOPEFULLY IT HELPS.

Table of Contents

Introduction

A BRIEF EXPLANATION OF THE
FORMAT OF THIS REFERENCE GUIDE

Here is a sample entry with explanatory notes:

See **Note 1.**   See **Note 2.**

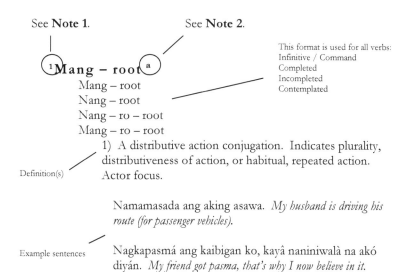

This format is used for all verbs:
Infinitive / Command
Completed
Incompleted
Contemplated

¹**Mang – root** ᵃ

Mang – root
Nang – root
Nang – ro – root
Mang – ro – root

1) A distributive action conjugation. Indicates plurality, distributiveness of action, or habitual, repeated action. Actor focus.

Definition(s)

Namamasada ang aking asawa. *My husband is driving his route (for passenger vehicles).*

Example sentences

Nagkapasmá ang kaibigan ko, kayâ naniniwalà na akó diyán. *My friend got pasma, that's why I now believe in it.*

Namúmunò ang presidente namin nang mahusay. *Our president is leading effectively.*

Note 1: To help increase the effectiveness of your study, each entry is categorized according to how often it is used.
¹ — Used regularly in common speech.
² — Used in common speech, but not as regularly.
³ — Very rarely, if ever, used in common speech.
(For entries with more than one definition this number is located at the beginning of each separate definition.)

Note 2: There are a few notes concerning variations of conjugation. These are:
ᵃ — Prefixes ending in " ng" change to "-m" before root words beginning with "p" or "b" and to "-n" before words beginning with "d" "l" "r" "s" or "t." The first consonant of the root word may or may not be omitted, but in the case of "k" it is always omitted.
* — Words ending in consonants or vowels with glottal stops are followed by the suffix "an" or "in," whereas words ending in vowels without glottal stops are followed by "han" (sometimes "nan") or "hin."

ADJECTIVES

¹Root + nang + root

1) An adverbial phrase meaning to do the act frequently or consistently.

Daldál nang daldál si Pong. *Pong is talkative.*

Salitâ siyá nang salitâ, kayâ hindî ko naibahagi ang gustó kong sabihin. *She kept talking and talking, so I wasn't able to share what I wanted to say.*

Aral nang aral ang bagong estudyante dahil gustó niyáng mátútong magsalitâ ng Tagalog. *The new student keeps on studying because he wants to learn how to speak Tagalog.*

¹Root – an

1) When used on Tagalog numerals this expresses the meaning of "so many at a time."

Puwedeng sámpúan sa dyipni. *You can fit ten people on each side of the jeep.*

Tatlúhan lang ang maáaring makapaglarô sa aming páligsahan. *Only three at a time can play in our contest.*

Ang paggamit ng banyo ay ísáhan lamang. *Only one at a time can use the bathroom.*

¹A – root

1) When used on Spanish numerals this orders them into a series and is typically used for days of the month.

Ang kaarawán ko ay sa a-singko ng Noviembre. *My birthday is on the fifth of November.*

Sa a-tres ng marso namin mákukúha ang ipinatahî naming pantalón. *On March third we'll be able to pick up the pants we had made.*

Ipinagdiriwang natin ang kapangánákan ni Jesucristo tuwíng a-bente-singko ng Desyembre. *We celebrate the birth of Jesus Christ every twenty-fifth of December.*

¹Ang – root

1) Intensifies root word to higher degree than 'ma - root'.

Ang lakí ng dyipni! *The jeepney is very big!*

Ang bangó ng nilulutò niyá. *What he's cooking smells good.*

Ang hirap magíng pogi. *It's hard to be good looking.*

¹Ang – root – root

1) Intensifies root word to higher degree than 'ma - root' and 'ang – root'.

Ang baít-baít ng batà! *The child is very, very nice!*

Ang lakí-lakí ng kanyáng sapatos! *His shoes are huge!*

Ang bilís-bilís niyáng tumakbó kapág hinahabol siyá ng aso.
He runs extremely fast when being chased by a dog.

¹Ika – root

1) Orders numbers into a series (first, second, etc). Letters are often dropped in the conjugation.

Ikatlóng kanto siyá sa kanan. *It's the third corner on the right.*

Ika-apat siyáng anák ni Mister Cruz. *He is Mister Cruz's fourth child.*

Nagtatrabaho siyá sa ikasampúng palapág ng gusaling iyán. *He works on the tenth floor of that building.*

Ka – root

1) [1]Shortened version of 'kay – root'.

Kabilís ng panahón. *The time is so fast.*

Kahusay kumantá ng aking kaibigan. *My friend is very good at singing.*

Kasaráp ng nilutò ng aking iná. *What my mom cooked was very delicious.*

2) [1]Having a reciprocal relationship or shared characteristic/distinction as described by root word.

Kamukhâ mo ang kaibigan ko si Mark. *You look like my friend Mark (lit. your face is the same as my friend Mark's face).*

Ang batang násagasaan ng kotse kanina ay kaklase ko. *The child that was hit by a car earlier is in the same class as me.*

Minamanmanán ko ang katabí kong babae kanina. *I was checking out the girl next to me earlier.*

3) [1]Used after 'gaano' or 'ganito', etc.

Ganitó ba ang kahabâ ng kahoy? *Is this the length of the wood?*

Gaanó po kalayò ang biyaheng papuntá sa inyó? *How far is the travel to your house?*

Ganyán siláng katatág sa kaniláng mgá paniniwalà. *They're that strong in their beliefs.*

¹Kaka - root

1) Connotes a small or very small quantity of the root word.

Kákauntî lang ang nakain ko sa hapunan. *I was only able to eat a very little for dinner.*

Kakatiting na asín ang nailagáy ko sa aking ulam. *I put a very small amount of salt in my ulam.*

Kakapiranggót lang ang dumaló sa aking kaarawán. *Only a very few people came to my birthday.*

Ka – root – root

1) ¹Causing to an extreme degree what the root word indicates. Similar to 'nakaka – root'.

Katawá-tawá ang napanoód namin. *What we watched was hilarious (lit. What we watched makes one laugh).*

Kapansín-pansín ang pag-ibig niyá sa akin. *Her love for me is obvious.*

Kakilá-kilabot ang lumakad sa madilím na eskinita. *Walking through a dark alley gives me goosebumps.*

2) ¹When used after 'waláng' this is equivalent in English to '-less' or absolutely none.

Waláng katao-tao sa palengke pag gabí. *There's absolutely no one at the market at night.*

Ang batà ay waláng kagana-gana sa pagkain. *The child has no appetite for food.*

Waláng kakuwenta-kuwenta ang binilí niyáng bolpen. *The pen he bought was worthless.*

[1]**Ka – root – root – an**
1) Most or highest degree of root word. Similar to 'pinaka – (ma) – root'.

Kamí ang káuná-unahang pumuntá sa McDo. *We were the very first to go to McDonald's.*

Akó ang káhulí-hulihan sa mgá tumakbó sa páligsahan. *I was the very last out of those that ran in the race.*

Si Berto ang kábabá-babaan na nakúhang grado sa eskuwelahán. *Bert got the lowest grade at the school.*

[1]**Kasing – root** [a]
1) Same degree of intensity of root word.

Kasíntangkád ka ni Bogs. *You're as tall as Bogs.*

Kasímbangó ni Karen si Sherry. *Sherry is as fragrant as Karen.*

Ang binilí kong 'chocolate' ay kasíndami ng binilí ni Brad. *I bought as much chocolate as Brad.*

[1]**Kay – root**
1) Very intensified version of root word.

Kay saráp ng bayawak sa Exotik restawran. *The big lizard (or iguana) is so delicious at Exotik Restaurant.*

Kay dami ng halaman sa bakuran. *There are many plants in the yard.*

Kay habâ ng buhók niyá. *Her hair is really long.*

¹Ma – root

1) Prefix to form an adjective meaning to possess the quality expressed by root word.

Madalî lang ang mgá katánúngan sa panayám. *The questions in the interview are easy.*

Mahirap makahanap ng trabaho ngayón. *It's hard to find a job nowadays.*

Magandá ang aking katipán. *My fiancée is beautiful.*

¹Ma – ro – root

1) The duplication of the first syllable of the root indicates plurality.

Mgá mágagandá silá. *They're beautiful.*

Mátataás ang mgá punò sa Baguio. *The pine trees in Baguio are tall.*

Málulusóg ang aking mgá kapatíd. *My siblings are all healthy.*

¹Ma – root na ma – root

1) Intensified version of 'ma – root'.

Matabáng matabâ ang asawa niyá. *His wife is very fat.*

Mahapdíng mahapdî ang sugat ko. *The wound I've got is very painful.*

Makulít na makulít ang batà sa eskuwelahán. *The kid in school is really obnoxious.*

¹Ma – root – root

1) Less intensified version of 'ma – root' meaning somewhat possessive of the quality expressed by the root word.

Matamís-tamís lang ang kendi. *The candy is only somewhat sweet.*

Malakí-lakí ang mgá nabilí kong isdâ. *The fish I bought were pretty big.*

Masaráp-saráp ang nakain kong sinigang. *The sinigang I ate was pretty good.*

¹Ma – root – in

1) Inclined to possess in a high degree the trait described by the root word. Usually verb roots used as adjectives.

Matulungín ang gurò. *The teacher is helpful.*

Ang binilí niyáng kuwentas ay mamahalín. *The necklace she bought was expensive.*

Ang ating Amá sa Langit ay maawaín sa Kanyáng mgá anák. *Our Father in Heaven is merciful to His children.*

¹Magka – root

1) Reciprocal form of 'ka – root' meaning two people sharing the same distinction or quality with each other.

Magkakulay ang kaniláng mgá matá. *Their eyes are the same color.*

Magka-usap silá sa tabí ng daán. *They were talking with each other on the side of the road.*

Magkatabí ang mag-asawa sa bangkô. *The couple was sitting next to each other on the bench.*

¹Magkasing – root [a]

1) Same as 'kasing – root' with the addition of a reciprocal relationship. The things being compared are equal to each other in intensity or quality.

Magkasímbaít ang dalawáng titser. *The two teachers are as nice as each other.*

Magkasínggalíng ang mgá asong pinalakí ko. *The two dogs I raised are as good as each other.*

Magkasíngkahulugán ang dalawáng salitâ. *The two words mean the same thing as each other.*

¹Maka – root

1) Being favorably inclined to the root word.

Maka-Diyós daw ang kandidato. *They say the candidate is pro-God.*

Dahil sa kanyáng pagmámahál sa sariling bansâ, siyá ay tinaguríang makabansâ. *Because of his love for his own country, he was called patriotic.*

²Mala - root

1) Having similar characteristics with the root word.

Ang kutis ni Bebang ay mala-porselana. *Bebang's complexion is flawless (like porcelain).*

Mala-unggóy ang lahì ng pamilyang iyán dahil sa dami ng kaniláng balahibo. *That family's genes are like monkeys because they've got so much hair on their bodies.*

Mala-bagyó ang ihip ng hangin kahapon dahil sa sobrang lakás. *The blowing of the wind yesterday was so strong it seemed like a typhoon.*

¹Mang – root – root

1) When used on color roots this is equivalent to '-ish' in English.

Mamulá-mulá ang mukhâ ko. *My face is reddish.*

Mangitím-itím ang damít ko dahil sa biyahe namin galing Manila. *My clothes are blackish because of our trip home from Manila.*

Mamutí-mutî ang kanyáng labì dahil sa kanyáng sakít. *His lips are whitish because of his illness.*

¹Mapag – root

1) Characteristic, trait or quality.

Mapagbigáy ang mamang iyán. *That man is generous. (lit. That man is inclined toward giving.)*

Ang aking nanay ay mabaít at mapagmahál sa kanyáng mgá anák. *My mother is kind and loving to her children.*

Si Omay ay mapagpunyagî sa kanyáng pag-aaral magmaneho ng sasakyán. *Omay is persistent in learning to drive a car.*

²Mapagma – root

1) Inclined or prone to showing off the idea expressed by the root word. ('Mapag – root' + 'magma – root'.)

Mapagmarunong siyá. *He's prone to showing off how much he knows.*

Mapagmataás ang kapitbahay namin. *Our neighbor is conceited.*

Si Mario ay mapagmaliít sa kanyáng mgá tauhan. *Mario always puts down his employees.*

²Mapang – root ª

1) Similar to 'mapag – root' but used in same instances as 'mang – root' verbs.

Mapamilit ang amo. *The boss is persistently insistent.*

Ang tindero ng CD ay mapanlinláng sa kanyáng mgá mámimili. *The CD vendor is deceitful with his customers.*

Ang babaeng nákíta ko sa 'mall' kanina ay mapang-akit dahil sa kanyáng maamong mukhâ. *The girl I saw earlier at the mall was attractive because of her beautiful face.*

¹May – root

1) Shortened, conjugated form of 'mayroon'.

Walâ dito ang may-bahay. *The owner is not here. (lit. The one that has the house is not here.)*

Sino ang may-arì ng aklát na itó? *Who owns this book?*

Pinapagalíng nilá ang mgá may-sakít. *They heal the sick.*

Naka – root

1) ¹In a static or un-changing position.

Naka-upô siyá sa sopá. *He's sitting on the sofa.*

Nakalutang ang bangkâ nilá sa tubig. *Their boat is floating on the water.*

Nakasakáy siyá sa dyipni. *He's riding on a jeepney.*

2) ¹Wearing the root word.

Naka-amerikana ang Amerikano. *The American is wearing a suit jacket.*

Naka-tsinelas ang batà. *The child is wearing sandals.*

Ang lahát ng mángangalakál ay naka-korbata. *All businessmen wear ties.*

[1]Nakaka – root <or> Naka – ro – root

1) Used on adjective roots meaning causing what the root word indicates. Similar to 'ka – root – root'.

Nakákatamád sa akin ang air-con. *Air-conditioning makes me lazy.*

Nakáka-asár ang bosena ng mgá dyipni. *The horns of jeepneys are annoying.*

Nakáka-antók ang pagkain ng kanin sa tanghalì. *Eating rice at lunch time makes one drowsy.*

[1]Napaka – root

1) Intensification of root word. Equivalent in English to 'very' or 'so'. Notice the 'ang' changes to 'ng' except in the inverted form because you cannot start a sentence with a 'ng' phrase.

Nápakakinis ng balát ng mgá kayumanggí. *The skin of people with a brown complexion is very smooth.*

Nápakabagal ng sasakyán na sinakyan ko kanina. *The automobile I rode in earlier was very slow.*

Ang bagong sapatos niyá ay nápakakintáb. *His new shoes are very shiney.*

[1]Pa – root

1) Equivalent to an adverbial expression of mannerism as indicated by the root word.

Pabulóng ang pagsasalitâ ni Pepe. *Pepe's speaking is in a whisper.*

Padabog siyáng pumuntá ng páaralán dahil sa galit. *He stomped his feet while going to school out of anger.*

Patagilíd ang paglalakad ng taong lasíng. *The drunk person leans to the side while walking.*

¹Pa − root − root

1) Expresses the action indicated by the root word is done intermittently, 'now and then,' or 'from time to time'. Used on verb roots.

Palipat-lipat kamí bilang mgá estudyante. *As students we move from time to time.*

Pabago-bago ang kanyáng damít para sa kasál. *Her clothes for the wedding keep changing.*

Palikú-likô ang lipád ng mgá bubuyog. *Bees fly in a random twisting, zigzag path.*

²Pala − root

1) Conjugated form of 'palagi' or 'lagi'. Means always doing the root word.

Palangitî ang kaibigan ko. *My friend is always smiling.*

Ang tatay kong kalbó ay pala-inóm ng alak. *My bald father always drinks alcohol.*

Ang batang si Jong ay palabirò sa kanyáng mgá kaibigan. *The child, Jong, is always joking with his friends.*

¹Pampa − root

1) Anything used to increase the intensity, or bring about the effects implied, of the root word.

Pampalakás ng katawán ang pag-inóm ng gatas. *Drinking milk strengthens the body. (lit. Drinking milk is for making the body stronger.)*

Ang pagbabasa ng mgá aklát ay pampatalino. *Reading books makes you smarter.*

Ang pagligò sa umaga ay pampagising. *Showering in the morning wakes you up.*

Pang – root [a]

1) [1]Used to order numbers into a series. Similar to 'ika – root' adjective form. (Letters often get lost in the conjugation somewhere).

Pangalawá lang kamí sa inyó! *We're second only to you!*

Iyán ang pangatlóng trabahong nakúha niyá sa loób ng isáng taón. *That's the third job he's gotten within a year.*

Pang-apat akó sa aming magkakapatíd. *I'm the fourth out of my brothers and sisters.*

2) [1]Describes what the object is used for. (Similar to 'for' in English).

Pansimbá lang ang magandáng sapatos niyá. *His nice shoes are only for going to church.*

Ang aking sapatos ay ginágámit kong pambató. *My shoes are what I use to throw at things.*

Pangit magsuót ang matabâ ng pampayát na kasuotán. *It looks bad when a fat person wears clothes made for skinny people.*

[1]Pinaka – (ma) – root

1) Most or highest degree of root word. (Similar to 'ka – root – root – an')

Pinakamayaman siyá sa lahát. *He's the richest of all.*

Siyá ay pinakamatalino sa klase niyá. *He is the smartest in his class.*

Ikáw ang pinakamatipíd kong kaibigan. *You are my most frugal friend.*

Tig – ro – root

1) [1]When used with Spanish numerals this implies a quantity of money applied to each object.

Tigbebente pesos ang mgá 'Wendy's Value Meal Items.' *Wendy's Value Meal Items are twenty pesos each.*

Tigsisingko pesos ang pamasahe natin. *Our fare is five pesos each.*

Ang mgá CD diyán ay tigtetrenta. *The CDs there are thirty each.*

2) [1]When used on Tagalog numerals this means 'so many each' or 'so many apiece.'

Tiglilimáng kilo ng bigás at kárne. *Five kilos each of rice and meat.*

Binigyan ko silá ng tigdadalawáng piraso ng mansanas. *I gave them each two apples.*

Ang mgá batà sa páaralán ay may tigtatatlóng libró. *The children at the school have three books each.*

[1]Verb + linker + noun

1) Turns a verb into an adjective when linked to the noun it modifies.

May pinunit na papél si Betsy. *Betsy has a paper that was ripped.*

Ang batang umiiyák ay maingay. *The crying child is noisy.*

Ang naglalakad na aso ay pilay. *The dog that is walking is crippled.*

NOUNS

Root – an *

1) [1]Place where many or much of the root word is found.

Malawak ang palayan ni Don Diego. *Don Diego's rice field is big.*

Ang aklatan sa may munisipyo ay malinis. *The library at the municipal is clean.*

Nag-'picnic' ang mag-anak sa may damuhán. *The family had a picnic on the grass field.*

2) [1]Place where action of root word is done.

May sákáyan doón sa bayan. *There's a place to get on over in the town proper.*

Puro sígáwan ng kalalakihan ang máririníg mo sa sabungán. *The shouting of men is all you'll hear at the cock-fighting pit.*

3) [1]Season for certain acts.

Marami tayong kita sa araw ng áníhan. *We make a lot of money on the day of harvest.*

Panahón ng tulian sa buwán ng Abríl at Mayo. *The season for circumcision is in the months of April and May.*

Anó ang buwán ng kásálan sa Pilipinas? *What's the month in which most people get married in the Philippines?*

Root – in *

1) [1]Common occurrence, or common usage for a thing or action mentioned by the root word.

Walâ tayong ínúmin. *We don't have any drinks.*

Ang awiting itó ay alay ko para sa iyó. *This song is dedicated to you.*

2) [1]An action accomplished or object passed through the process or action of the root word. (Past tense only).

²Root – root – an *

1) Thing pretending to be what root word expresses.

Huwág sasambá sa mgá diyós-diyusan. *Don't worship idols.*

Bahay-bahayan ang nilalarô ng mgá batà. *The children are playing house.*

¹Ang + verb

1) Turns a verb into a noun. If it is an actor focus verb, the actor is the noun being referred to; if it is an object focus verb, it is the object. (See 'may + verb' and 'wala + linker + verb').

Ang nagbabantáy ng bahay ay natulog. *The person watching the house fell asleep.*

Puro kasinungalingan ang sinasabi ni Tetang. *The things Tetang is saying are pure lies.*

Bobo talagá ang gumawâ nitó. *The person who made this is a real fool.*

¹Ka – root

1) The root is the relationship between the two people or objects being described. Same as 'magka –root' but only one of the things being described is the focus.

Kaklase ko iyán. *That's my classmate.*

Kasama ni Andy si Karen na pumuntá sa Baguio kahapon. *Karen was Andy's companion when they went to Baguio yesterday.*

Siyá ay kasapì sa samahán sa aming eskuwelahán. *She is a member of an organization at our school.*

¹Ka – ro – root

1) Used on verb roots to mean an excessive performance of the action indicated by the root word.

Pudpód na ang suwelas ko sa kalalakad. *My soles are worn down from always walking.*

Lumakí ang aking tiyán sa kaiinóm ng Coke. *My stomach got bigger from always drinking Coke.*

Paos na ang boses ng mangaawit dahil sa kakákantá. *The singer's voice is hoarse from singing so much.*

Ka – root – an *

1) ¹Noun form of typical 'ma – root' adjective.

Nakádamá akó ng kakaibáng kapayapaan. *I felt an unusual peace.*

Natútuwâ akó dahil sa iyóng kabáítan. *I am happy because of your kindness.*

Hindî siyá makapasok sa pintuan dahil sa kanyáng katabaán. *He can't get through the doorway because of his obesity.*

2) ¹Person involved in the same action as described by the root.

May kasulatán siyá sa Cambodia. *She has a pen-pal in Cambodia.*

Madaldál ang kaibigan ko. *My friend is talkative.*

Masayáng kabiruán si Mister Cruz. *Mister Cruz is fun to joke around with.*

¹Kina – root – an

1) Refers to the next segment of time as described by the root word (usually used in story telling.)

Naglagáy akó ng tubig sa freezer, tapos kináumagahan yelo na siyá. *I put some water in the freezer then the next morning it was ice.*

Nagsimbá siyá isáng linggó pero kinalingguhan may trabaho siyá, kayâ hindî siyá nakasimbá. *He went to church one week, then the next week he had work, so he wasn't able to go to church.*

Naglabá si Nanay noóng isáng araw at noóng kinábukasan siyá ay nagplantsa din. *Nanay did laundry two days ago and then the next day she ironed as well.*

¹Mag – root

1) Two people related in sense described by the root word (usually a family relationship).

Tinuturuan namin ang mag-amá. *We're teaching the father and son.*

Ang mag-pinsan ay magkasamang namamasyál sa dagat. *The cousins are strolling together at the beach.*

Nanoód ang mag-syota ng sine. *The (two people that had a boyfriend/girlfriend relationship between the two of them) watched a movie.*

¹Mag – ro – root

1) Job or occupation involving the root word. Similar to 'tagapag – root'. (Note: watch the accent on this noun type. Often if the root word is accented one way, this form will be opposite. Example: áral and mag-aarál.)

Magbubukíd ang tatay niyá. *His father is a farmer.*

Kanina, ibinenta ko ang aking mgá lumang bakal sa magboboté. *Earlier I sold my old scrap metal to a bottle collector.*

[1]Magka – root
1) Same as 'ka – root', but both objects or people being described are the focus.

Magkatrabaho silá. *They're co-workers.*

Magkakulay ang matá ng dalawáng batà. *The two children's eyes are the same color.*

Magkalasa ang lutò ninyó sa lutò ng nanay ko. *Your cooking and my mama's cooking taste the same.*

[1]Magkaka – root
1) Plural form of 'magka – root'.

Ilán kayóng magkakapatíd? *How many brothers and sisters do you have? (lit. How many are you that are brothers and sisters?)*

Lahát ng "boy bands" ay magkakáháwig. *All boy bands look the same.*

Ang mgá bulaklák sa kanyáng halamánan ay magkáka-amóy. *The flowers in his garden all smell the same.*

[1]Mang – ro – root [a]
1) Occupation involving root word. Similar to 'tagapang – root'. (Note: watch the accents on these; see 'mag – ro – root' noun).

Gustó niyáng magíng manggagamot. *He wants to become a doctor.*

Ang mgá manggagawà ay magwewelga mámayâ. *The workers are going to go on strike later.*

Ang mánanahì ni Gloria ay sinisante kahapon dahil malî ang pagsusukat niyá. *Gloria's tailor was fired yesterday because his measuring was wrong.*

¹May + verb

1) Turns a verb into a noun. (See 'ang + verb' and 'wala + linker + verb').

May maghihintáy sa iyó. *There will be someone waiting for you.*

Sandalî lang, may ginágawâ akó. *Just a second, I'm doing something.*

Alám na ng Presidente dahil may nagsumbóng sa kanyá. *The President already knows because there was someone who told him.*

Pa – root

1) ¹Object used to accomplish act or increase intensity of the root word.

Bumilí kamí ng palamíg sa tindahan. *We bought drinks (something to cool us down) at the corner store.*

Budburán mo ng patabâ ang iyóng pananím na gulay. *Sprinkle some fertilizer on the vegetables you've planted.*

Lagyán mo ng padulás ang bisagra para hindî lumangitngít. *Put some lubricant on the hinge so it doesn't squeak.*

2) ¹Actions ordered or requested done.

LBC ay harì ng padalá. *LBC is king of delivery.*

Itó ay palutò lang sa akin ng amo ko. *This is just the food my boss is having me cook.*

Pa – root – an *

1) [1]Contest involving thought expressed by root word.

Sumali siyá sa págandahan. *She joined the beauty contest.*

Nanalo siyá sa páligsahang naganáp sa iskúl. *He won the contest that was held at school.*

Sa Grand Victoria Village ay palakihán ng bahay. *At Grand Victoria Village it's a contest to see who can have the biggest house.*

2) [1]Place where action of the root word takes place.

Nagtuturò akó sa páaralán. *I teach at the school.*

Si Alice ay isáng nars sa isáng págamutan sa bayan. *Alice is a nurse at a hospital downtown.*

Sa daratíng na Abríl, maraming tao ay pupuntá sa páliguán. *Next April, many people will be going to the swimming holes.*

Pag – root

1) [1]Noun form of 'r – um – oot' verbs.

Magalíng siyá sa pagkantá. *He's good at singing.*

Masayáng tingnán ang pagngitî ng taong bungál. *It's fun to look at the smile of a toothless person.*

Hiníhintáy ng pámahálaán ang pagsukò ng kriminál. *The government is waiting for the surrender of the criminal.*

2) [1]Adverb denoting the time when the action will be done (usually followed by a 'ng' phrase).

Tatawag tayo pagbalík ninyó. *We'll call when you get back.*

Pagalís mo, bibilí akó ng magandáng damít. *When you leave I'm going to buy some nice clothes.*

Pag-uwî niyá galing trabaho, naligò siyá kaagád. *When he got home from work he took a shower right away.*

¹Pag – ro – root

1) Noun form of 'mag – root' verbs.

Natatakot siyá sa pagmamaneho. *She's scared of driving.*

Ang paglalakad ay nagbibigáy-siglá sa katawán. *Walking rejuvenates the body.*

Malas ang pagsusugál. *Gambling is bad luck.*

¹Pag – ro – root – an *

1) Noun form of 'mag – root – an' verbs.

Ang pag-iiyákan ni Wakwak at ng kanyáng nobya ay tunay na madamdamin. *Wakwak and his girlfriend's simultaneous weeping was truly emotional.*

Pinagalitan ang mgá batà dahil sa kaniláng pag-aawayan sa klase. *The children were scolded for fighting with each other in class.*

Dahil sa pagsusuntukan ng magkaibigan, dinalá silá sa bílangguan. *Because of the fist fight between the two friends, they were taken to prison.*

²Pag – ro – root – root – an*

1) Noun form of 'mag – root – root – an' verbs. The root word is an adjective.

Ang pagbubúlag-bulágan ay isáng nápakahirap gawín bilang artista. *Pretending to be blind is one thing that's very hard to do as an actor.*

Nahuli si Juan sa kanyáng paggagalíng-galíngan. *John was caught pretending to be skillful.*

Napikón si Maria dahil sa pagtatáwa-tawánan ng kanyáng kaibigan sa kanyáng birò. *Marie got offended because of her friend's fake laughter at her joke.*

Pagka – root

1) [1]Noun form of 'ma – root' verbs.

Nagalit akó sa pagka-iwan sa akin. *I got mad at being left behind.*

Nainís akó sa pagkasubò ko ng sili. *I got annoyed at accidentally putting a pepper in my mouth.*

Pinalò ng nanay ko ang kapatíd kong bunsô sa pagkabasag ng baso. *My mother spanked my youngest sibling for accidentally breaking the cup.*

2) [1]Expresses essence or nature of something (sometimes similar to '-ness' or '-ship' in English).

Magkaibigan na kamí, mulâ sa pagkabatà. *We've been friends since our youth.*

Siyá ay binigyán ng mas malakíng tungkulin dahil sa kanyáng pagkamasúnúrin. *He was given greater responsibility because of his being obedient.*

Sumikat akó dahil sa aking pagka-artista. *I got famous because of being an actor.*

3) [1]Adverb denoting time when/if action gets done (usually followed by a 'ng' phrase).

Pagkakain ko, magbabasa akó ng diyaryo. *When I'm done eating I'm going to read the newspaper.*

Pupuntá na tayo sa Pangasinan pagkabihis ko. *We're going to go to Pangasinan when I'm done getting dressed.*

Pagkaka – root

1) [1]Noun form of 'magka – root' verbs.

Nawalán siyá ng gana dahil sa kanyáng pagkákasakít. *She lost her appetite because of getting sick.*

Ang kanyáng pagkákatrabaho ay nagdulot ng kasíyáhan sa kaniláng pamilya. *His acquisition of a job brought joy to their family.*

Nagíng maagap siyá sa kanyáng trabaho dahil sa kanyáng pagkákakotse. *He became punctual to work because of getting a car.*

[1]Pagpapa – root

1) Noun form of 'magpa – root' verbs.

Mahál ang pagpapagupít ngayón. *It's expensive to get a haircut now.*

Dahil sa pagpapalayas ng katulong, nawalán silá ng tagapaglabá. *Because of dismissing the house help, they lost a wash lady.*

Nagíng maingay sa bakuran dahil sa pagpapagawâ ng básketbulán ni Etay. *It got noisy in the yard because of Etay's having a basketball court made.*

[1]Pagpapaka – root

1) Noun form of 'magpaka – root' verbs.

Ang pagpapakagandá ng mgá babae ay bawal dito sa eskuwelahán. *Trying to be beautiful here at school is not allowed for girls.*

Waláng kakuwenta-kuwenta ang pagpapakabaít niyá dahil nasaktán na akó. *His trying to be nice is useless because I've already been hurt.*

Pagpapakatabâ ang nais ko sa aking sarili. *To get fat is what I want for myself.*

²Pagpapati – root

1) Noun form of 'magpati – root' verbs.

Ayoko nang isipin ang sanhî ng kanyáng pagpapatiwakál. *I don't like to think about the cause of his committing suicide.*

Pagpapatilunod ang naisip kong gawín, noóng akó ay may mabigát na problema. *Drowning myself is what I thought of doing back when I had a serious problem.*

Ang pagpapati-alon ay tanging paraán para makaratíng sa pampáng. *Riding the waves is the only way to make it to shore.*

¹Pagsasa – root

1) Noun form of 'magsa – root' verbs.

Ang pagsasadulâ ng pangyayari ay nagbigáy-linaw sa kaso. *The re-enactment of the event gave clarity to the case.*

Si tita Flor ang naatasan sa pagsasa-ayos ng kasál. *Aunt Flor is the one who was assigned to organize the wedding.*

Pagsasawangis ng susì ang trabaho ni Berdo. *Berdo's job is duplicating keys.*

¹Pakiki – root

1) Noun form of 'maki – root' verbs.

Ang pakikiapíd ay isáng kasalanang mortál sa matá ng Diyós. *Adultery is a mortal sin in the eyes of God.*

Dahil sa kanyáng pakiki-alám sa away ng mag-asawa, siyá ay nápahamak. *Because of her interfering with the couple's fight, she got hurt.*

Nakatipíd akó ng aking pera dahil sa aking pakikisakáy sa kotse ng aking kaibigan. *I was able to save my money because of getting rides in my friend's car.*

¹Pakikipag – root
1) Noun form of 'makipag – root' verbs.

Sabi ng aking nanay na ang pakikipag-away ay masamâ. *My mom said that fighting with others is bad.*

Ang pakikipag-asawa sa murang edád ay mahirap. *Getting married at a young age is hard.*

¹Pakikipag – root – an *
1) Noun form of 'makipag – root – an' verbs.

Hindî sang-ayon si Jeff sa pakikipagsábwátan ng kanyáng kaibigan sa mgá magnanakaw. *Jeff doesn't agree with his friend's conspiracy with the thieves.*

¹Pang – root ᵃ
1) Object used for the idea expressed by the root.

Ubos na ang pamasahe natin. *Our money for travel fare is exhausted.*

Walâ na akóng pambilí ng gatas ng aking kapatíd. *I have nothing with which to buy milk for my brother.*

Hindî malutò ang aking sinaing dahil waláng panggatong. *The rice can't be cooked because there is nothing to use for fuel.*

¹Pang – ro – root ᵃ
1) Noun form of 'mang – root' verbs.

Nanalo ang kapatíd ko sa 'contest' ng pananahî. *My sister won a sewing contest.*

²Sangka – root – an ᵃ
1) The whole of the root word.

Tinubós ni Jesucristo ang sangkatauhan. *Jesus Christ redeemed all mankind.*

¹Tag – root
1) Season of the root word expressed.

Waláng taglamíg sa Pilipinas. *There's no cold season in the Philippines.*

Taga – root
1) ¹A person delegated to perform the action indicated by the root word. Used for 'r – um – oot' verbs.

Mabuti't may tagalabá tayo para hindî tayo mahirapan. *It's a good thing we've got a person that washes our clothes, so it's not hard on us.*

2) ¹Person native to place stated in root word.

Taga-Baguio ang kaibigan ko. *My friend is from Baguio.*

¹Tagapa – root
1) A person delegated to perform the action indicated by the root word. Used for 'ma – root' verbs.

Maraming tagapakiníg ang WRR 101.9. *WRR 101.9 has many listeners.*

¹Tagapag – root
1) A person delegated to perform the action indicated by the root word. Used for 'mag – root' verbs.

²Tagapagpa – root
1) A person delegated to perform the action indicated by the root word. Used for 'magpa – root' verbs.

¹Tagapang – root ᵃ
1) A person delegated to perform the action indicated by the root word. Used for 'mang – root' verbs.

Pumuntá ka sa tagapanghirám upang mákakúha ng pera. *Go to the lending agent in order to get some money.*

²**Tala – root – an ***
1) A list of things as described by the root word.

May talásalitaan sa likód ng libró. *There's a vocabulary list in the back of the book.*

¹**Wala + linker + verb**
1) A verb can become a noun if it is an actor focus verb. (See 'Ang + verb' and 'May + verb')

Waláng tumawa sa aking biró. *No one laughed at my joke.*

VERBS

Note 1: In the incompleted and contemplated tenses of verbs the proper duplication should be of the first syllable of the root word. In conversational Tagalog, often a syllable from the prefix is duplicated for ease of speech.

Note 2: Sometimes verb roots are repeated to show intensity, repetitiveness or multiplicity of action. In such cases where the root word is longer than two syllables, the first two syllables of the root word is said first, followed by the full root word to ease speech. (Ex. Nagpira-piraso and not nagpiraso-piraso.)

Note 3: When you run across unusual conjugations, often they are root words made into nouns by a noun conjugation and then conjugated into a verb with a verbal conjugation. The meaning of the completed conjugation would just be a combination of the two conjugations.

Suffixes

Root – in *

Root – in

R – in – oot

R – in – o – root

Ro – root – in

1) [1] Object acted upon in the way described by the root. Compare similarities and differences with 'i – root' verbs. Object focus.

Pinunit ni José ang papél. *Jose ripped the paper.*

Sunugin ninyó ang basura pag-uwî ninyó. *Burn the garbage when you get home.*

Tatapusin ko muna ang aking ginágawâ. *I'm going to finish what I'm doing first.*

2) [1] To be affected in manner described by the root word, usually by nature.

Inulán silá. *They were rained on.*

Root – an *
Root – an
R – in – oot – an
R – in – o – root – an
Ro – root – an

1) [1]To perform the act indicated by the root word to something. Locative focus.

Kakantahán namin ang mgá pasiyente sa ospitál. *We're going to sing to the patients at the hospital.*

Pinupuntahán namin silá sa bahay kubo nilá. *We go to them at their bahay kubo.*

Sinulatan ko ang aking pamilya. *I wrote to my family.*

2) [1]When used with an adjective root it means 'to make + adjective' (increase the intensity of the root). Similar to 'pa – root – in' definition (1). Object focus.

Hinaan mo ang TV! *Turn down the TV!*

Hinabaan ng mánanahì ang mgá manggás. *The tailor lengthened the sleeves.*

Nilakasán ng tatay ang boses niyá sa kanyáng pilyong anák. *The father raised his voice at his naughty child.*

[1]Root – root - an *
1) To increase the intensity a little bit.

Bilís-bilisán mong gumawâ ng iyóng proyekto para bukas. *Hurry a little faster in doing your project for tomorrow.*

Ang grado ng mgá estudyante ay tinaás-taasan niyá. *He raised the students' grades up a little.*

Lakás-lakasán mo ang boses mo dahil 'dî ko máriníg. *Speak a little louder, because I can't hear.*

Infixes

R – um – oot

R – um – oot
R – um – oot
R – um – o – root
Ro – root

1) [1]To perform the action indicated by the root word. Actor focus.

Bumahín siyá dahil sa alikabók. *He sneezed because of the dust.*

Tumawag ang amo ko sa akin kagabî. *My boss called me last night.*

Kumantá ang mgá batà sa Pasko. *The children sang at Christmas.*

2) [1]When used on adjective roots it means to become what the root word indicates.

Pumayát siyá dahil sa kanyáng mahigpít na diyeta. *He became thin from his strict diet.*

Hindî yayaman ang mgá lasingero. *Drunks will not get rich.*

Gumagandá na ang aking mgá halaman dahíl malapit na ang tagsiból. *My plants are becoming pretty because spring is near.*

3) [1]Acts of nature. Actor focus (nature itself is the actor).

Lumindól kahapon. *There was an earthquake yesterday (lit. It earthquaked yesterday.)*

Bumabagyó ngayón sa Amérika. *There's a typhoon right now in America (lit. It's typhooning now in America.)*

Uulán yatà mamayâ. *It might rain later.*

Prefixes

I – root

I – root

I – r – in – oot

I – r – in – o – root

I – ro – root

1) ¹To use an object to perform the act indicated by the root word. Object focus. Similar to 'root-an' verbs.

Ibibigáy sa akin ni Anajane ang kanyáng pitakà. *Anajane is going to give me her wallet.*

Itinurò namin ang pangalawáng aral ng Inglés kiná Juanerez noóng Huwebes. *We taught the second English lesson to the Juanerez' last Thursday.*

Ibinababad niyá ang mgá mamantsáng damít sa tubig. *He's soaking the stained clothes in water.*

2) ¹To do something for someone else. Benefactor focus.

Ibinilí ko ang mgá batà ng kendi. *I bought the kids some candy.*

Ikumustá mo akó sa kanilá. *Ask them how they are for me.*

Ibinabasa niyá ng mgá aklát ang matandáng may malabong matá. *He reads books for the old man whose vision is blurry.*

²Ika – root

Ika – root
Ikina – root
Ikina – ro – root
Ika – ro – root

1) To cause the root word to come about.

Ikinatuwâ niyá ang pagpuntá ng pamilya sa dagat. *The family trip to the ocean made him happy. (lit. The family's going to the ocean caused him to be happy.)*

Ikinahihiyá ko ang pagsasalitâ sa haráp ng maraming tao. *Speaking in front of a lot of people embarrasses me.*

Ikalulugód namin ang inyóng pagpapaunlák. *Your acceptance of the invitation will please us.*

²Ikapag – root

Ikapag – root
Ikinapag – root
Ikinapapag – root
Ikapapag – root

1) Changes inanimate nouns (ang) into causers of the action of the root word to the actor (ng). Used on 'mag – root' verbs. Causative focus *and* instrumental focus (the instrument is doing the causing).

³Ikapang – root

Ikapang – root
Ikinapang – root
Ikinapapang – root
Ikapapang – root

1) Changes inanimate nouns (ang) into causers of the action of the root word to the actor (ng). Used on 'mang – root' verbs. Causative focus *and* instrumental focus (the instrument is doing the causing).

¹Ipa - root
Ipa - root
Ipina - root
Ipinapa - root
Ipapa - root

1) A causative action conjugation. The first actor (ng) causes the second actor (sa) to perform the action indicated by the root word. Object focus.

Ipinaayos niyá ang bentiladór kay Tom. *He had Tom fix the fan.*

Ipinakain nilá sa amin ang kaniláng baboy! *They fed us their pig!*

Ipinapasulat ko ang aking thesis sa kapatíd ko. *I'm having my brother write my thesis.*

Ipag – root
Ipag – root
Ipinag – root
Ipinag – ro – root
Ipag – ro – root

1) [1]Same as definition (1) of 'i – root' verbs but often used on 'mag – root' verbs. Object focus.

Ipaglaban mo ang iyóng karapatán bilang tao. *Fight for your right as a human being.*

Huwág mong ipagkalat ang náriníg mong sekreto. *Don't spread around the secret you heard.*

Dapat natin gawín ang mgá ipinag-uutos sa atin ng amo. *We should do the things our boss tells us to do.*

2) [1]Same as definition (2) of 'i – root' verbs but used on 'mag – root' verbs. Benefactor focus.

Ipinaglutò akó ng nanay ko ng agahan. *My mother cooked me some breakfast.*

Ipinaglabá akó ni nanay ng aking damít. *Nanay washed my clothes for me.*

Ipinagsusulat akó ng katabí ko ng aking mgá takdáng aralín, dahil may balì ang aking kamáy. *The guy that sits next to me writes my assignments for me because my hand is broken.*

[2]Ipagma – root
Ipagma – root
Ipinagma – root
Ipinagmama – root
Ipagmama – root

1) To exhibit or exude the root word's characteristic.

Ipinagmámalakí niyá ang pagigíng Filipino niyá. *He's proud of the fact that he's a Filipino.*

Ipinagmamayabang ko ang aking katalinuhan. *I'm showing off my intelligence.*

²Ipagpa – root
Ipagpa – root
Ipinagpa – root
Ipinagpa – ro – root
Ipagpa – ro – root
1) A causative action conjugation. The first actor (ang) causes the second actor (ng) to perform the act indicated by the root word for the benefit of the first actor. Benefactor focus.

Ipagpabuhat mo akó ng kahon upang makaraán akó. *Lift up a box for me so I can pass through.*

²Ipaki – root
Ipaki – root
Ipinaki – root
Ipinaki – ro – root
Ipaki – ro – root
1) To request a third party perform the root word's action.

Ipakibuhos mo kay Nene ang isáng timbáng tubig sa labás. *Please have Nene pour a bucket of water outside.*

Ipinakisasará ko kay Pedro ang aming tindahan sa palengke. *I'm requesting Peter to close our store at the market.*

Ipakilabá mo ang aking damít kay Rosana. *Please have Rose wash my clothes.*

2) Same as definition (1) of 'paki – root' but the focus is on the one benefiting from the action. Benefactor focus.

Ipakitímpla mo akó ng Milo. *Please mix some Milo up for me.*

Ipakibilí mo akó ng gamót. *Please buy some medicine for me.*

Ipakihanap mo akó ng alaala na maiuuwî ko sa Amérika. *Please look for some souvenirs for me that I can take home to America.*

Ipang – root ᵃ

Ipang – root
Ipinang – root
Ipinang – ro – root
Ipang – ro – root

1) ¹Same in meaning as 'i – root' and 'ipag – root' definition (1) but used to show distributive action. Object focus.

Ipinamimigáy ko lang ang aking pera sa mgá nagpapalimós. *I just give my money out to beggars.*

2) ¹Use an object to accomplish what the root word expresses. Instrumental focus.

Ipamunas mo ang lumang polo ko sa lababo. *Use my old shirt to wipe out the sink.*

Ipinamasahe niyá ang mgá bentsinkong natipíd niyá. *He used the twenty-five centavos pieces he'd been able to save as fare.*

Ipinangkakain ko ang aking paboritong tinidór. *I'm using my favorite fork to eat with.*

²Ipapang – root

Ipapang – root
Ipinapapang – root
Ipinapapapang – root
Ipapapang – root

1) A causative action conjugation. The first actor (ng) causes the second actor (sa) to perform the action indicated by the root word by using a specific object (ang). Instrumental focus.

Ipapapanglinis niyá ang hawak niyáng walís sa kapatíd niyá. *He's going to have his sister use the broom he's holding to clean with.*

Ipinapangharana sa kanyá ni Jose ang bagong gitara niyá. *Joseph had him use his new guitar to sing a serenade.*

²Isa – root

Isa – root
Isina – root
Isinasa – root
Isasa – root

1) To put into the condition expressed by the root word. Object focus.

Isaayos muna ninyó ang listahan, bago kayó umalís. *Put the list in order, before you leave.*

Isinasagawâ nilá ang mgá natututuhan sa eskuwelahán. *They put into action the things learned at school.*

Isina-Tagalog ni Mister Thompson ang kanyáng talumpatì. *Mister Thompson translated his address into Tagalog.*

¹ Ka – ro – root <or> Kaka – root

1) Expresses an act that just happened. Used only in present tense form. No focus.

Pasénsiyá, kararatíng ko lang. *I'm sorry, I just arrived.*

Kahit na kasusweldo ko lang, naubos na ang lahát. *Even though I just got paid, it's all gone.*

Kakakain lang namin, kayâ busóg pa kamí. *We just ate, so we're still full.*

Ka – root – an *
Ka – root – an
Kina – root – an
Kina – ro – root – an
Ka – ro – root – an

1) ¹Expresses an action of the mind or feelings.

Kinatatakutan niyá ang mámamatay-tao. *The murderer scares him.*

Kinalimutan ni Bong ang kanyáng panaginip. *Bong forgot (intentionally) his dream.*

Kinakabahán akó pag nasa tabí ko ang syota ko. *I get nervous when my girlfriend's by my side.*

2) ²Locative focus. (Similar to 'root – an'.)

Kinátatayuhán natin ang kinamátáyan ni Thomas Jefferson. *We're standing on the place where Thomas Jefferson died.*

Ang sopáng kináuupuán mo ay binilí ko noóng nakaraáng linggó. *I bought the sofa you're sitting in last week.*

Kalalagyán ko ang aparadór ng damít. *I'm going to put clothes in the dresser.*

¹Ka – root – in
Ka – root – in
Kina – root
Kinaka – root
Kaka – root – in

1) Combination of 'ka – root' noun and 'root – in' verb.

Kakausapin ko muna ang mgá magulang niyá. *I'm going to talk to his parents first.*

Kinapanayám si President Carter ni Larry King noóng ilán taón sa T.V. *Larry King interviewed President Carter a few years ago on T.V.*

Kalabanin mo si Ambo sa sungkâ. *Compete against Ambo in 'sungka'.*

Ma – root

Ma – root
Na – root
Na – ro – root
Ma – ro – root

1) [1]Abilitative form of 'root – in' verbs. Object focus.

Hindî ko naaalís ang lamán sa 'bag'. *I can't take the contents out of the bag.*

Matutupád niyá ang kanyáng tungkulin. *He'll be able to fulfill his calling.*

Mabibilí ba kayâ natin ang prutas bago mag-alas sais? *(Do you think) we'll be able to buy the fruit before six o'clock?*

2) [1]Indicates accidental or involuntary action. (Only used in past/infinitive tenses) Object focus.

Naiwan ko ang payong mo sa gúpítan. *I accidentally left your umbrella at the barbershop.*

Nasabi ko na ang seketro mo sa buóng bayan. *I already (accidentally) told your secret to the whole town.*

Nasipà ko ang aso nilá nang umupô akó. *I accidentally kicked their dog when I sat down.*

3) [1]Shows action that is mental or emotional and is not directed towards and object. Actor focus.

Nakikiníg siyá sa radyo. *He's listening to the radio.*

Nátúto siyáng magsalitâ ng Tagalog. *He learned how to speak Tagalog.*

Matútúlog lang akó sa sahíg. *I'm going to just sleep on the floor.*

Ma – root – an *

Ma – root – an
Na – root – an
Na – ro – root – an
Ma – ro – root – an

1) [1]Abilitative form of 'root – an' verbs. Locative focus.

Mapupuntahán ba ninyó ang tindahan ko ngayón? *Will you be able to go to my corner store today?*

Matuturuan ba natin silá kung waláng aklát? *Will we be able to teach them if there are no books?*

Hindî ko siyá nasusulatan habang nasa Tsina pa akó. *I can't write to her as long as I'm still in China.*

2) [1]Expresses opinion. Actor focus.

Nasarápan akó sa tanghalian kahapon. *I thought lunch yesterday was good (delicious).*

Nababaítan ka ba sa mgá Filipino? *Do you think Filipinos are nice?*

Mágagandahán sana akó sa aking asawa. *Hopefully I will think my wife is beautiful.*

3) [1]To affect an object in the way described by the root word.

Tatanggalín ko ang aking sapatos; bakâ marurumihán ko ang inyóng sahíg. *I'm going to take off my shoes; I might get your floor dirty.*

Dalhín mo ang payong para hindî ka máulanán. *Bring the umbrella so you don't get rained on.*

¹Mag – root
Mag – root
Nag – root
Nag – ro – root
Mag – ro – root
1) To perform an act intentionally or deliberately. Actor focus.

Nagtrabaho siyá noóng nakaraáng linggó. *He worked last week.*

Naggugupít siyá ng damó sa park. *He cuts grass at the park <or> He is cutting grass at the park.*

Nagdarasál ang mgá batà tuwíng umaga at gabí. *The children pray every morning and evening.*

¹Mag – r – um – oot
Mag – r – um – oot
Nag – r – um – oot
Nag – ru – r – um – oot
Mag – ru – r – um – oot
1) To exhert great effort to perform the act indicated by the root word, often when there is some kind of opposition. Actor focus.

Nagsusumikap siyáng itayô ang kanyáng bahay so ulán. *He is striving to build his house in the rain.*

Nagpumilit ang kalabáw na nakatindíg sa kalye kahit na itinulak namin siyá. *The water buffalo persisted to stand in the road even though we pushed it.*

¹Mag – root – an *

Mag – root – an
Nag – root – an
Nag – ro – root – an
Mag – ro – root – an

1) A reciprocal action conjugation. It expresses acts done simultaneously or reciprocally. Actor focus.

Nagsusulatan ang mag-asawa kahit magkalayò silá. *The couple writes back and forth to each other even though they're far from each other.*

Nagsuntukan ang dalawáng boksingero. *The two boxers were punching each other.*

Nagsígáwan ang pamilya sa larô. *The family yelled at each other at the game.*

²Mag – ro – root

Mag – ro – root
Nag – ro – root
Nag – ro – ro – root
Mag – ro – ro – root

1) See definition of 'mag – root'. The redoubling of the first syllable emphasizes intensity and deliberateness.

Akalà ko balíw, dahil nagtátatawá lang siyá. *I thought he was crazy because he's laughing uncontrollably.*

Nagsásasayáw ang mgá estudyanteng lasíng. *The drunk students are all just dancing around and around.*

[1]Mag – root – root – an *

Mag – root – root – an
Nag – root – root – an
Nag – ro – root – root – an
Mag – ro – root – root an

1) To act like or pretend to be what the root word indicates. Mostly used on adjective roots. Similar in meaning to 'magma – root'. Actor focus.

Nagpatáy-patáyan ang oso upang hindî siyá barilín ng mgá mangangaso. *The bear played dead so he wouldn't be shot by the hunters.*

Nagpropropesór-propesóran lang si Mister Gutierrez. *Mister Gutierrez is just pretending to be a professor.*

Naggagalíng-galíngan ang bagong amo. *The new boss is acting like he's good.*

Magka – root

Magka – root
Nagka – root
Nagkaka – root
Magkaka – root

1) [1]Conjugated form of 'magkaroon' meaning acquiring the root word, whether accidently or deliberately. Actor focus.

Biglâ siyáng nagkapera nang tumamà siyá sa lotto. *He suddenly got money when we won the lottery.*

Sa wakás, nagka-anák ang baóg na babae. *Finally, the barren woman had a child.*

Magkakasakít ang mgá iinóm ng tubig galing sa gripo. *Those that will drink the water from the faucet will get sick.*

2) [1]Two people or things reciprocally doing the act described by the root involuntarily or unexpectedly. (Accented on the 'ka' of 'magka'.) Actor focus.

Nagkásalubong ang dating magkaibigan. *The old friends met each other on the way.*

[1]**Magka – root – an**

Magka – root – an
Nagka – root – an
Nagkaka – root – an
Magkaka – root – an

1) Expresses reciprocal action but used on only a limited number of verbs, most of which are 'ma – root' verbs. Similar to 'mag – root – an'. Actor focus.

Nagkáintindíhan silá kahit Inglés ispikin ang isá at Tagalog ang mgá ibá. *They understood each other even though one of them was English-speaking and the others were Tagalog-speaking.*

Nagkainisán silá sa tilaok ng tandáng sa madalíng araw. *They were annoyed by the crow of the rooster in the early morning.*

Nagkábanggaan ang mgá traysikel. *The tricycles ran into each other.*

[2]**Magkang – root** [a]

Magkang – root
Nagkang – root
Nagkang – ro – root
Magkang – ro – root

1) To do something hurriedly or carelessly.

Huwág kang magkandarapà sa pagkúha ng pagkain. *Don't be in a rush in getting food.*

²Magma – root

Magma – root
Nagma – root
Nagmama – root
Magmama – root

1) Trying or pretending to be (sometimes showing off) what is indicated by the root word. Similar to 'mag – root – root – an'. The 'ma' in the conjugation is the beginning of an adjective. Actor focus.

Nagmamagalíng lang ang abugado sa haráp ng mgá testigo.
The lawyer is showing off in front of the witnesses.

Nagmamadalî na siyáng magtrabaho, dahil palubóg ang araw.
He's trying to work fast because the sun is setting.

Magandáng magíng marunong, huwág lang magmamarunong.
It's good to be knowledgable, just don't show it off.

Magpa – root

Magpa – root
Nagpa – root
Nagpapa – root
Magpapa – root

1) [1]A causative action conjugation. The first actor (ang) causes the second actor (sa) to perform the action indicated by the root word. Causative focus.

Nagpagawâ siyá ng sando pambásketból. *He had a jersey made for basketball.*

Nagpapagupít siyá ng buhók sa barbero. *He's getting his hair cut by a barber.*

Nagpakain sa amin ang kapitbahay namin kagabí. *Our neighbors fed us last night.*

2) [1]Increase the intensity of the root word. Focus on the thing making the root word more intense. Causative focus.

Gawín ninyó ang mgá nagpapaligaya sa inyó. *Do the things that make you happy.*

Magpapalamíg silá sa air-con sa Wendy's. *They're going to cool down in the air-conditioning at Wendy's.*

Ang kainipán ay nagpapahabâ sa oras. *Boredom makes the time longer.*

¹Magpa – root – an *

Magpa – root – an
Nagpa – root – an
Nagpapa – root – an
Magpapa – root – an
1) To take part in a type of contest described by the root word.
Actor focus.

Ang mgá pasahero ay nagpapayabangan sa pagbabayad ng pamasahe. *The passengers are having a contest of pride in paying their fare.*

Nagpálakasan ang mgá magkaibigan nang pumuntá silá sa dyim. *The friends had a contest to see who was strongest when they went to the gym.*

Nagpápagandahán ang mgá babae sa harapán ng mgá 'kanong may matangos na ilóng. *The girls are seeing who can look the best in front of the Americans that have prominent noses.*

¹Magpaka – root

Magpaka – root
Nagpaka – root
Nagpapaka – root
Magpapaka – root
1) Forcing, or trying hard (to a higher degree than 'magma – root') to be what the root word expresses. Actor focus.

Nagpapakabaít siyá sa klase ngayón dahil may gustó siyá sa kaklase niyá. *He's being really nice in class because he has a crush on one of his classmates.*

Magpakabuti kayó. *You be good.*

Nagpapakabusóg ang mgá batà sa kendi dinalá ni Santa. *The children are gorging themselves on the candy Santa brought.*

²Magpasa – root
Magpasa – root
Nagpasa – root
Nagpapasa – root
Magpapasa – root
1) To enter or exist in the condition described by the root word.

Ang eroplano ay magpapasahimpapawíd mámayáng alas siyete. *The plane will take off later at seven o'clock.*

Ang kasál ay puwedeng magpasawaláng-hanggán. *Marriage can be for eternity.*

Magpati – root
Magpati – root
Nagpati – root
Nagpapati – root
Magpapati – root
1) ²To do something to yourself violently. Actor focus.

Nagpatilunod siyá sa lawà. *He drowned himself in the lake.*

Magpapatiwakál siyá kung mag'break' silá ng nobya niyá. *He'll commit suicide if he and his girlfriend break up.*

2) ²To allow something to happen to yourself. Actor focus.

Nagpatihulog siyá sa lupà. *He let himself fall to the ground.*

Magsa – root
Magsa – root
Nagsa – root
Nagsasa – root
Magsasa – root
1) ²To act the role of, or imitate the root word.

Nagsasamanók ang aso. *The dog is acting like a chicken.*

2) ²To translate.

NagsaTagalog akó ng aking notes sa miting. *I translated my notes from the meeting into Tagalog.*

¹Magsi – root

Magsi – root
Nagsi – root
Nagsisi – root
Magsisi – root

1) Plural form of 'r – um – oot,' meaning several people doing the act expressed by the root word. Actor focus.

Nagsialís ang mgá batà sa páaralán. *The children all left school.*

Ang mgá naglálarô sa labás ay kailangang magsipasok. *Those playing outside need to (all) come inside.*

Magsisipuntá ang mgá estudyante sa cinehán mámayâ. *The students will all go to the movie theater later.*

¹Magsi – root – an *

Magsi – root – an
Nagsi – root – an
Nagsisi – root – an
Magsisi – root – an

1) Plural form of 'r – um – oot,' but has an additional meaning of doing an act simultaneously or back and forth to one another. Actor focus.

Nagsitakbuhan ang mgá batà dahil sa multó. *The children all ran because of the ghost.*

Magsisibulungán ang mgá mag-aarál kapág umalís ang maestra. *The students will all whisper back and forth when the teacher leaves.*

Nagsisitáwanán ang mgá kalarô dahil napadulás si Oliver. *The players are all laughing with each other because Oliver slipped.*

¹Magsipag – root
Magsipag – root
Nagsipag – root
Nagsisipag – root
Magsisipag – root
1) Plural form of 'mag – root,' meaning several people doing the act expressed by the root word.

¹Magsipag – root – an
Magsipag – root – an
Nagsipag – root – an
Nagsisipag – root – an
Magsisipag – root – an
1) Plural form of 'r – um – oot,' but has an additional meaning of doing the act simultaneously or back and forth to one another.

¹Mai – root
Mai – root
Nai – root
Nai – ro – root
Mai – ro – root
1) Abilitative form of 'i – root.' Object focus.

Hindî naming naiturò ang aralín, sapagká't waláng dumatíng. *We couldn't teach the lesson because no one came.*

Maisusulat mo ang mgá katánúngan sa papél na itó. *You'll be able to write the questions down on this paper.*

Naitátanóng mo kay Bogs. *You can ask Bogs that question.*

¹Maipa – root
Maipa – root
Naipa – root
Naipapa – root
Maipapa – root
1) Abilitative form of 'ipa – root'. Object focus.

Maipapa-ayos mo iyán pagka may pera ka mulî. *You'll be able to get that fixed when you have money again.*

Naipahiwà kayâ ni Tim ang binilí niyáng langkâ? *Was Tim able to get the jackfruit sliced that he bought?*

Naipagawâ ko ang sando noóng nakaraán. *I was able to get the jersey made last time.*

¹Maipag – root
Maipag – root
Naipag – root
Naipag – ro – root
Maipag – ro – root
1) Abilitative form of 'ipag – root'.

¹Maipang – root
Maipang – root
Naipang – root
Naipang – ro – root
Maipang – ro – root
1) Abilitative form of 'ipang – root'.

¹Maisa – root
Maisa – root
Naisa – root
Naisasa – root
Maisasa – root
1) Abilitative form of 'isa – root'.

Maka – root
Maka – root
Naka – root
Nakaka – root
Makaka – root

1) [1]Abilitative form of 'r – um – oot'. Actor focus.

Ang pilay ay hindî makalakad kung waláng sakláy. *The cripple can't walk if he doesn't have crutches.*

Nakakain na ba kayó? *Have you been able to eat?*

Makakapuntá silá pag bumilí silá ng sasakyán. *They'll be able to go when they buy a car.*

2) [1]Abilitative form of 'ika – root'. For this conjugation the receiver of the action changes to the 'sa' phrase and not the 'ng' phrase as in 'ika – root'. (Not used in past tense). Object focus.

Makakabuti sa kanyá ang pag-aaral sa universidád. *Studying at the university will be good for him.*

Nakakátawá para sa akin ang kantáng iyán. *That song makes me laugh.*

Nakakagalit ang sinabi ko sa aking titser. *What I said made the teacher mad.*

3) [1]Abilitative form of 'ka – root – in'. Object focus.

Gustó kong makausap ang may-arì ng bahay. *I want to talk to the owner of the house.*

Nákasalubong namin ang aming mgá kaibigan sa daáng pauwî. *We ran into our friends on the way home.*

Nakapanayam ba kayó ng may-arì noóng linggó? *Was the owner able to interview you last week?*

4) [1]Accidental form of 'r – um – oot'. Actor focus form of 'ma – root' definition (2).

Naka-iwan siyá ng lisénsiyá niyá sa bahay namin. *He accidentally left his license at our house.*

Siyá ang naka-basag ng salamín sa C R. *He's the one who accidentally broke the mirror in the bathroom.*

Nakapunit siyá ng páhiná ng aklát ng kaibigan nilá. *He accidentally ripped a page in their friend's book.*

¹Makapag – root
Makapag – root
Nakapag – root
Nakakapag – root
Makakapag – root
1) Abilitative form of 'mag – root'.

Nakakapagsalitâ na siyá nang maayos. *He is now able to speak well.*

Nawalâ ang kanyáng lisénsiyá, kayâ hindî siyá makakapagmaneho. *His license got lost, so he won't be able to drive.*

Nakapag-aral siyá sa U.P. Maynila. *He was able to study at U.P. Manila.*

²Makapag – root – an *
Makapag – root – an
Nakapag – root – an
Nakakapag – root – an
Makakapag – root – an
1) Abilitative form of 'mag – root – an'.

¹Makapagpaka – root
Makapagpaka – root
Nakapagpaka – root
Nakakapagpaka – root
Makakapagpaka – root
1) Abilitative form of 'magpaka – root'.

²Makapang – root ª
Makapang – root
Nakapang – root
Nakakapang – root
Makakapang – root
1) Abilitative form of 'mang – root'.

Maki – root

Maki – root
Naki – root
Nakiki – root
Makiki – root

1) [1]Social form of 'r – um – oot' verbs. Actor focus.

Nakikisama akó sa mgá tagapagmaneho ng dyipni pag minsan. *I sometimes accompany the jeepney drivers.*

Hindî akó gaanóng mahilig makisalamuhà sa mgá tao. *I don't really like to intermingle with people.*

2) [1]Request form of 'r – um – oot' verbs.

Nakikitawag lang kamí sa kapitbahay namin. *We're just calling at our neighbors'.*

Puwede ba akóng makigamit ng C.R. ninyó? *May I use your bathroom?*

Nakikitirá kamí sa kapatíd ko, pansamantalá. *We're living with my sister for the time being.*

[1]Makipag – root

Makipag – root
Nakipag – root
Nakikipag – root
Makikipag – root

1) Social form of 'mag – root'. Actor focus.

Nakikipaglarô ang mgá batà. *The children are playing with each other.*

Puwede ba akó makipag-usap sa iyó? *May I speak with you?*

¹Mang – root ª
Mang – root
Nang – root
Nang – ro – root
Mang – ro – root
1) A distributive action conjugation. Indicates plurality, distributiveness of action, or habitual, repeated action. Actor focus.

Namamasada ang aking asawa. *My husband is driving his route (for passenger vehicles).*

Nagkapasmá ang kaibigan ko, kayâ naniniwalà na akó diyán. *My friend got pasma, that's why I now believe in it.*

Namúmunò ang Presidente namin nang mahusay. *Our President is leading effectively.*

¹Mang – root – an
1) Actor focus.

Nanawagan akó sa radyo station tungkól sa nawáwalâ kong anák. *I called upon the radio station for help regarding my lost child.*

²Manga – root
Manga – root
Nanga – root
Nanga – ro – root
Manga – ro – root
1) Indicates collective action happening to many people. Actor focus.

Nangahilo ang mgá pasahero sa barkó nang maalon ang dagat. *The passengers on the boat all got dizzy when the ocean was rough (wavy).*

Nangagugutom ang mgá tao pag waláng lamán ang tiyán nilá. *People get hungry when there's nothing in their stomach.*

Nangapapagod ang mgá trabahero dahil sa init. *The workers are all getting tired because of the heat.*

Mapa – root

Mapa – root
Napa – root
Napapa – root
Mapapa – root

1) [1]Abilitative form of 'pa – root – in' definition (1). Object focus.

Hindî mapapahabâ pa ang pantalón dahil tinabas na siyá. *The pants can't be lengthened because they've already been cut.*

Napapalambót natin ang kaniláng mgá pusò dahil mabaít kamí sa kanilá. *We're able to soften their hearts because we are kind to them.*

2) [1]Indicates accidental or involuntary action. Often derived from a limited set of 'r – um – oot' verbs. Actor focus.

3) [1]Abilitative form of the causative action conjugation 'pa – root – in' definition (2). The first actor (ng) causes the second actor (ang) to perform the action indicated by the root word. Object focus.

Mapapabasa ba kayâ natin ang lola? *(Do you think) we will be able to get the grandmother to read?*

[1]Mapag – root – an *

Mapag – root – an
Napag – root – an
Napag – ro – root – an
Mapag – ro – root – an

1) Abilitative form of 'pag – root – an'. Object focus.

Napagbásketbulán namin ang 'covered court' sa poblasyón. *We got to play basketball on the covered court in the town proper.*

Sa pamamagitan ng katulungan ng kanyáng kaibigan, napagtatagumpayán niyá ang kanyáng mgá bisyo. *Through the help of his friend, he's able to overcome his vices.*

May mapagkukunan (root word: kúha) ba ng prutas doón? *Is there a place we can get fruit over there?*

Pa – root

1) [1]Request for action of the root word to take place. Actor focus (sometimes an actor is not needed).

Pahirám akó ng libró mo. *May I borrow your book?*

Patingín ng litrato. *Can I see the picture?*

Pahingî ng piso. *Can I have a peso?*

2) [1]Prefix meaning 'going in the direction of' or 'in the process of' the root word. Actor focus.

Saán kayó papuntá? *Where are you headed? (lit. Where are you in the process of going?)*

Paalís na po kamí. *We're on our way out.*

Bakâ pabalík na silá. *They might be on the way back.*

[2]Pa – root – an *

Pa – root – an
Pina – root – an
Pinapa – root – an
Papa – root – an

1) A causative action conjugation. The first actor (ng) causes a second actor (sa) to perform the act indicated by the root word to an object (ang). Object focus.

Pinaturuan ko ang aking kaibigan sa marunong na gurò. *I had my friend taught by the knowledgable teacher.*

Papasulatan ko ang aking kaklase sa kapatíd ko. *I'm going to have my brother write to my neighbor.*

Pinapuntahán (different from pinupuntahán) ko sa mgá polís ang kapitbahay ko. *I had the police go to my neighbor's house.*

2) Certain 'ma – root' verbs change to 'pa – root – an' when not actor focus. Object focus.

Pakinggán siyá! *Hear him!*

Pa – root – in *

Pa – root – in

Pina – root

Pinapa – root

Papa – root – in

1) [1]Increase of intensity of the root word, done to an object. Similar to 'root – an' definition (2). Object focus.

Pinaiksî ko ang paliwanag para mas madalî niyáng máunawaan. *I shortened the explanation for him to more easily understand.*

Palakasín mo ang radyo. *Turn the radio up.*

Pinápagandá ni Makmak ang kanyáng sulat. *Makmak is improving (beautifying) his handwriting.*

2) [1]A causative action conjugation. The first actor (ng) causes the second actor (ang) to perform the action indicated by the root word. Actor focus.

Pina-upô niyá ang babae para hindî mapagod ang kanyáng paá. *He had the woman sit down so her legs wouldn't get tired.*

Pinakain ng mayaman na tao ang mgá kaibigan niyá ng isdâ. *The rich person fed his friends some fish.*

Dahil hindî marunong ang kapatíd ko, pinalutò niyá akó ng tanghalian. *Because my brother doesn't know how, he had me cook lunch.*

3) [1]Certain 'ma – root' actor focus verbs change to 'pa –root – in' when not in actor focus. Object focus.

Papanoorín namin ang pelíkulá. *We will watch the movie.*

¹Pag – root – an *

Pag – root – an

Pinag – root – an

Pinag – ro – root – an

Pag – ro – root – an

1) Often indicates reciprocal action with the focus on an object and not an actor. Object focus.

Pinag-awayan ng dalawáng lola ang tutà. *The two grandmas fought over the puppy.*

Pag-uusapan natin iyán mámayâ. *We'll talk about that later.*

Pinaghandaán ko ang koléhiyó sa pamamagitan ng pagbabasa ng mgá aklát. *I prepared for college by reading books.*

Pag – root – in *

Pinag – root

Pinag – ro – root

Pag – ro – root – in

1) ¹Similar to 'pa – root – in' definition (1), but also connotes that the action is deliberately or intentionally performed. Object focus.

Pinagtitibay ng tagapagbalità ang katotóhánan. *The reporter confirms the truth.*

Pinagpirá-pirasó ang papél ng estudyante. *The student ripped the paper into many pieces.*

Pinagpapatáy namin ang mgá butikî sa bahay. *We kill the house lizards at our house.*

2) ¹Objects acted upon in a recriprocal relationship with each other, in the way described by the root word. Object focus.

Pagtaubin mo ang mgá pinggan. *Turn the plates over and set them on top of each other so that both the eating surfaces are facing each other.*

Ang inyóng pamilya ay maáaring pagbuklurín sa templo. *Your family can be sealed to each other in the temple.*

Pinagsama ng titser ang dalawáng magkaibigan sa isáng grupo. *The teacher put the two friends together with each other in one group.*

³Paka – root – an *

Paka – root – an
Pinaka – root – an
Pinakaka – root – an
Pakaka – root – an
1) To do something to a high degree of intensity. The 'ka' in 'paka' receives the stress. Locative focus.

Pákagalitan mo ang manggagawà, dahil sinirà niyá ang sapatos mo. *Get angry with the laborer, beause he ruined your shoes.*

Pakaturuan ninyó ang inyóng mgá batà upang hindî silá matinag kapág matandâ na silá. *Teach your children well so they won't waiver when they are older.*

Dapat natin pakatulungan ang mgá nangángailangan. *We should really help those in need.*

Pakatingnán muna ninyó ang kontrata, bago mo lagdaán. *Thoroughly look over the contract before you sign it.*

³Paka – root – in *

Paka – root – in
Pinaka – root
Pinakaka – root
Pakaka – root – in
1) Connotes the idea of performing the root word to a high degree. The 'ka' in 'paka' receives the stress. Object focus.

Pakabasaín mo ng tubig ang mgá damít bago labhán. *Get the clothes really wet with water before they get washed.*

Pakabasahin mo ang mgá 'instructions' bago ka magsimulâ. *Read the instructions thoroughly before you begin.*

[1]Paki – root

1) Used for requests to mean 'please' or 'kindly'. (This does NOT mean 'please' by itself. 'Paki huwág!' does not mean 'Please don't!'). Object focus.

Paki-ulit ang tanóng. *Please repeat the question.*

Pakisabi na lang na mahál ko siyá, hindî baleng may mahál siyáng ibá. *Please just tell her I love her, it doesn't matter if she loves someone else.*

Paki-abót po ang bayad. *Please pass the payment.*

[1]Paki – root – an *
Paki – root – an
Pinaki – root – an
Pinaki – ro – root – an
Paki – ro – root – an
1) Request form of 'root – an' definition (1). See 'paki – root'. Locative focus.

Pakipatungan mo ng bató ang mgá papél. *Please set a rock on the papers.*

Pakitingnán muna ninyó ang listahan bago kayó mag-umpisá. *Please look at the list first before you begin.*

Pakibigyán ang mgá bagong kapitbahay ng tinapay. *Please give the new neighbors some bread.*

[1]Paki – root – in *
Paki – root – in
Pinaki – root
Pinaki – ro – root
Paki – ro – root - in
1) Request form of 'root – in'. See 'paki – root'. Object focus.

Pakibuhayin mo ang mákiná. *Please turn on the machine.*

Paki-inumín ninyó ang dyus. *Please drink the juice.*

¹Pang – root – an * ª

Pang – root – an
Pinang – root – an
Pinang – ro – root – an
Pang – ro – root – an

1) Often implies a reciprocal action performed on an object, but with the additional meaning of a distributive, repeated, or habitual action. Object focus.

Pinaníniwalaan din namin ang pasmá. *We believe in pasma as well.*

Pinangangasiwáan ang unibersidád ng mgá tagláy ng títuló. *The university is directed by those holding a degree.*

Pinámamahálaán ng gurò ang gawáin ng mgá mag-aarál. *The teacher directs the work of the students.*

³Papag – root – an *

Papag – root – an
Pinapag – root – an
Pinapag – ro – root – an
Papag – ro – root – an

1) A causative action conjugation. The first actor (ng) causes the second actor (sa) to perform the action indicated by the root word to something else.

INDEX

Please send updates and/or suggestions to TagalogConjugations@gmail.com

Made in the USA
Lexington, KY
15 July 2018